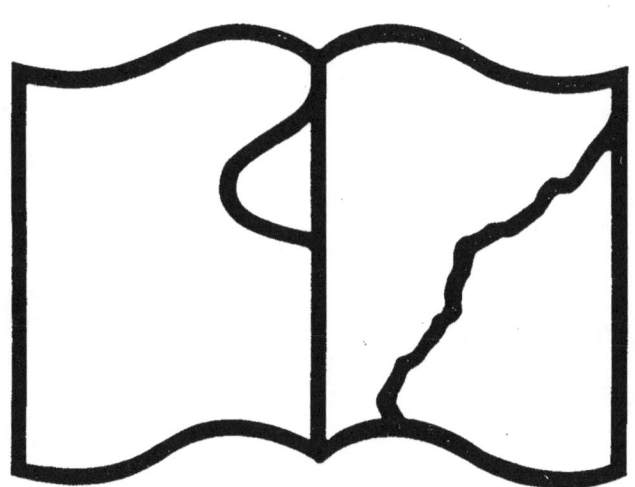

Texte détérioré — reliure défectueuse
NF Z 43-120-11

Cause avec 'Messieurs les Gens du Roy, la cinquième du troisième rolle des Mercredis.

A NOSSEIGNEURS DU PARLEMENT.

Requête signifiée.

SUPLIENT humblement les Associés de la Manufacture Royale des Glaces, DISANT qu'il s'agit en la cause de leur demande en main-levée d'une opposition faite par le sieur le Clerc sans titre, sans qualité, sans intérêt, à l'enregistrement des Lettres Patentes accordées par Sa Majesté pour le renouvellement du Privilége exclusif de ladite Manufacture, & de la demande que ledit le Clerc a formée incidemment à ce qu'avant faire droit la Cour renvoye les parties au Bureau du Commerce, pour y être jugées suivant les maximes de l'Etat.

On reconnoît, à ce premier coup d'œil que ce particulier est non-recevable & mal-fondé dans son opposition & dans sa demande, & que la témérité & même l'indécence ont été ses guides dans l'une & dans l'autre démarche. C'est ce qui deviendra plus sensible encore après les réflexions qu'on va faire sur deux imprimés qu'il employe, & dont il vient, par des écritures signifiées en la cause, de s'avouer l'auteur & le distributeur; imprimés illégitimes & vicieux, répandus dans le Public pour soulever contre les concessions dudit Privilége & les Enrégistremens que la Cour en a fait depuis quatre-vingt ans, & pour décrier la Manufacture & ses ouvrages.

La Manufacture Royale que le sieur le Clerc a attaqué par ses brochures & par son opposition, n'a à craindre que de n'être pas assez connue au vrai. Que n'est-il possible ici que ses principaux établissemens, Halles, Atteliers & Magasins avec leurs dépendances soient présentés aux yeux, sur-tout dans leur état actuel : & que n'est-il convenable de développer de même toutes les Parties relatives à sa fabrique, à ses travaux, & à son commerce. Ce spectacle suffiroit pour confondre le sieur le Clerc & ses Libelles. Dans l'impossibilité de faire ni l'un ni l'autre, on rappellera sommairement l'objet, l'origine, les révolutions, les progrès, & la situation actuelle de la Manufacture Royale des Glaces.

Il se fabrique des Glaces par deux méthodes différentes, qui en pro-

A

duisent comme de deux espéces. Les petites glaces se font par le travail du soufflage. Le cylindre formé se coupe dans sa longueur, & étale un quarré. La force & le soufle de l'ouvrier le plus habile ne peuvent les porter au plus qu'à 40. ou 45. pouces de haut sur 30 à 36 de large. Ces volumes qui sont rares & ceux au-dessous sont de petites Glaces, en comparaison de ceux de 60. 80. 100. & 110. pouces que l'on est parvenu à produire par l'autre voye.

Cette premiere methode fut inventée il y a quelques siécles dans l'Etat de Venise. En 1665. M. Colbert procura ce bel Art à la France par l'établissement de la Manufacture Royale à Paris & à Tour-la-Ville près Cherbourg. Cette Manufacture fut établie, comme l'ont exprimé les Lettres Patentes, *pour la décoration des Maisons Royales, & pour la commodité du Public*, qui etoit obligé de tirer de Venise le peu de glaces ou miroirs qu'on avoit alors.

Les glaces majeures se fabriquent par la methode du coulage inventée en France, & exécutée en 1688. Les matieres affinées se versent sur une table spatieuse. Un roulleau passe dessus, & les lamine ainsi de telle épaisseur que demande le volume plus ou moins grand. Cette seconde sorte de fabrique, si simple dans son exposé, est d'un tout autre appareil que la premiere, sur-tout aux yeux de l'artiste. Elle fournit seule, ou presque seule, les volumes majeurs, qui sont pour ainsi parler la grande espéce des glaces. C'est celle là principalement qui donne la magnificence, sans être un luxe dans le sens odieux de ce mot, puisque ces effets non-seulement ont une vraie utilité de service, mais que d'ailleurs, tout fragiles qu'ils sont en eux-mêmes & dans la fabrique & le travail, ils ont de fait, quand ils sont en place, & à quelques accidens prés, la perpétuité de l'airain, sans diminution de valeur ni d'éclat, sans dégradation, sans vieillesse, & qui plus est, sans sujetion aux changemens de modes: Magnificence françoise qui ajoûte à la plus belle Architecture une espéce de vie & de mouvement, & qui a manqué absolument à toute l'antiquité. Les Grecs & leurs Artistes, Rome & ses Empereurs ne l'ont pas connue.

Les Lettres Patentes de 1665. ont donné pour base à l'établissement qu'elles formoient sous le titre de *Manufacture Royale de France*, le privilége exclusif, & des exemptions.

Du Noyer premier Entrepreneur ne subsista pas jusqu'à l'expiration de son privilége. Il commençoit; & d'ailleurs faute de vogue & de jouissance absoluede l'exclusif, il n'avoit pas une consommation proportionnée aux dépenses indispensables. Il est de la nature de la fabrique des Glaces semblable en cela à l'Imprimerie, que la principale dépense une fois faite, il en coute beaucoup moins à proportion pour fabriquer un plus grand nombre de volumes.

En 1683. il fut accordé à Bagneux de nouvelles Lettres de privilége exclusif. La fabrique des glaces soufflées se rétablit ainsi.

En 1688. Thevard inventeur de la méthode de les couler, obtint un privilége particulier d'en fabriquer de cette espéce. Mais les Lettres Patentes lui firent défenses expresses d'empiéter sur le privilége exclusif de

Bagneux, & de faire ni vendre aucunes Glaces des grandeurs que celui-ci pouvoit atteindre.

On vit en peu d'années que cette sorte de concurrence alloit ruiner les deux fabriques quoique disparates. Elles s'entredétruisoient déjà par des gênes & des entraves réciproques, par l'enchere qu'elles mettoient pour s'enlever les meilleurs ouvriers, par l'indocilité de ceux-ci, par la crainte que les recherches & les dépenses de l'une ne servissent à l'autre ; par le partage du commerce de ces ouvrages qui est un objet borné, par la facilité que donnoit cette pluralité de fabriques en France, d'y introduire & vendre des glaces de Venise, qu'on faisoit passer selon le besoin pour Glaces de France ; enfin par nombre d'autres causes de ruine dont plusieurs sont détaillées dans les Arrêts & Lettres Patentes d'alors. Les deux Compagnies se trouverent bien-tôt endettées & dans le désordre.

En 1695. le Roi, pour prévenir la perte de ces arts & des établissemens, réunit les deux priviléges en un seul, sous le nom de Plâtrier, & prit de nouvelles mesures pour faire cesser toute concurrence dans le Royaume, & toute contrebande du dehors. L'Arrêt du 21 Avril 1695. sur lequel les Lettres Patentes furent expédiées, régla en termes formels, qu'à l'avenir il n'y auroit plus qu'une seule & unique Manufacture de glaces en France.

Les Lettres Patentes furent enregistrées en la Cour comme l'avoient été les précédentes.

Plâtrier travailla avec courage. Il sortit de sa fabrique des volumes de 80 pouces avec la beauté d'alors. Mais la consommation lui manqua encore, soit à cause des guerres qui sont toûjours un temps fatal pour une Manufacture qui a si manifestement besoin d'un état de prospérité & d'abondance, soit à cause des petites concurrences de protection qui subsistoient, l'une à Orleans par le crédit de Monsieur frere du Roi ; une autre en Normandie par celui de M. de Louvois, une autre à Dombes par celui de M. le Duc du Maine. Ces verreries introduisoient même des glaces de Venise qu'elles revendoient comme de leur fabrique, pour s'en faire honneur.

La Compagnie de Plâtrier ne put se soutenir. Elle est la quatriéme qui a succombé dans l'entreprise de la fabrique des Glaces. Le feu Roi fût sans doute peiné que ses soins & les Lettres Patentes de 1695. n'eussent pas un effet durable. Néanmoins il ne prit pas le parti de laisser abimer cet établissement sous prétexte que les Glaces sont un luxe, quoiqu'il vint tout récemment de faire les réformes qu'on sçait dans le luxe des ouvrages d'Orféverie, & les sacrifices dont il voulut donner l'exemple en faisant fondre les somptueux meubles d'argent qui décoroient son Château de Versailles. Il ne se porta pas non plus à abandonner la fabrique des Glaces au premier venu ou à tout le monde sous prétexte que la promiscuité ou la concurrence pourroit mieux réussir. Mais ayant à cœur la conservation & le soutien de la Manufacture Royale, seule capable de remplir ses vûes, il voulut prendre *par lui-même* une connoissance particuliere de son état, & des moyens de la faire prospérer. Les Lettres de 1702. le disent ; & elles apprennent qu'on présenta à sa Majesté divers *Mémoires* & projets à cette occasion, dans lesquels sans doute on n'oublia pas de reclamer la concurrence, du moins pour les petites Glaces, laquelle avoit de si hautes protections, & avoit subsisté de fait presque jusqu'alors. Sa Majesté déclara expressément par ces Lettres qu'Elle avoit *accordé les Priviléges exclusifs de la Manufacture plûtôt pour le bien & l'avantage de son Etat & de ses Sujets, que pour la fortune de ceux qui les avoient obtenus, & récompenser leur industrie. Et qu'Elle vouloit la confier à une Compagnie de personnes accréditées & expérimentées.*

Ces Lettres de 1702. renouvelerent pour trente ans le privilége avec les exemptions mieux déterminées, en faveur de la Compagnie de Dagincourt, qui est celle qui subsiste encore aujourd'hui.

Il y eut différentes oppositions à l'enrégistrement de ces Lettres qui excluoient plus sérieusement que jamais les concurrences de faveur. Les Opposans ne manquoient pas de faire des promesses & des offres. C'est le leure ordinaire que présentent les gens à sistême & les coureurs d'affaires, sauf à manquer de parole. Au surplus ils ne visoient, comme le sieur le Clerc, qu'à pouvoir faire de petites glaces, dont la fabrique, est moins onéreuse & a moins de risques, mais qui est inséparable de celle des glaces majeures, si on ne veut que celle-ci languisse & se dégrade totalement. Tous furent déboutés contradictoirement par Arrêt de la Cour du 25 Janvier 1708; & aussi-tôt après il fut passé outre à l'enrégistrement. C'est à cette époque que la concurrence & la contrebande ont cessé entierement. Aussi est-ce depuis ce tems que la Manufacture a pris une consistance ferme, & poussé ses travaux pour la perfection des Glaces, la grandeur & la beauté des volumes au-delà de ce qu'on avoit vû par le passé. La France à l'exemple du Roi a pris goût à ce nouveau genre de décoration; & les autres pays n'y ont pas été insensibles, & ont commencé à faire venir quelques belles glaces de France. Les prix de toutes choses ont augmenté depuis, sans que la Manufacture ait succombé, parce que la consommation qui manquoit auparavant, s'est heureusement accrue à proportion.

A l'avénement du Roi à la Couronne, un Edit révoqua nombre de privileges & exemptions accordées sous le regne précédent. Mais par Lettres Patentes de 1718, Sa Majesté en continuant les éloges donnée dès 1702 au progrès de la Manufacture Royale, & reconnoissant *qu'il étoit impossible aux Associés de se soutenir sans les privileges dont ils jouissoient*, les confirma solemnellement & avec distinction dans cette jouissance. Ces Lettres ont été enrégistrées en la Cour.

C'est vers ce temps-là que, Venise continuant à travailler en petit, & réduite à un débit assez chetif, les états voisins ont commencé à former chez eux quelques fabriques de glaces, pour ne pas laisser la France seule s'emparer de cette branche de nouveau commerce, & jouir de la meilleure réputation en ce genre de fabrique. Les Anglois n'ont pas été les derniers à s'en aviser : & de plus ils ont défendu sévèrement l'introduction des glaces de France dans leurs Royaumes, où
l'on

l'on n'en peut plus faire entrer qu'à la dérobée, & dans certaines occasions trop rares.

D'autre part, les gens ardens voyant la Manufacture Royale se soutenir & prospérer à la faveur d'un accroissement de consommation, & les dernieres années de son privilege s'écouler, donnerent des Mémoires & renouvellerent les promesses & les offres pour parvenir à partager son travail & son commerce, s'aveuglant sur l'incompatibilité reconnue de plusieurs Manufactures de cette espéce, & sur les suites pernicieuses de la concurrence en ce genre, faciles à prévoir & déja éprouvées. Mais la sagesse du gouvernement en garde contre ces suggestions, dont l'expérience a cent fois fait connoître le faux & le danger, s'en tint fermement à la maxime posée par le feu Roi, & adoptée en 1718 par Sa Majesté, de n'avoir en France, qu'une seule & unique Manufacture de glaces, pour ne pas retomber dans les inconvéniens des temps passés. Par Lettres Patentes de 1727. Sa Majesté renouvella le même privilege exclusif pour trente ans, à commencer en 1732 : ce qui a encouragé cette Manufacture, & la porté à un point de perfection & de force, qui laisse bien loin derriere elle l'ancienne fabrique de Venise & celles des autres états voisins. Il s'en est formé successivement quelques-unes à Vienne & en divers Etats d'Allemagne, en Prusse, en Espagne. Mais la nouveauté de ces établissemens, les réglements qui ont défendu de porter de la Manufacture de France chez eux les connoissances qui leur manquoient, les bornes étroites de leur consommation, la timidité qu'inspire la concurrence permise, enfin l'ascendant de la Manufacture de France, ont été autant d'obstacles à l'agrandissement de ces fabriques étrangeres, & les ont tenu toutes jusqu'à présent dans un état de médiocrité sensible, & conséquemment d'imperfection. La plûpart ne fabriquent que de commande, & se bornent au travail en petit : on y attend des deux ans & plus les volumes qui sont moins communs : on y est obligé pour avoir des glaces majeures d'en prendre une quantité de petites : on y trouve très-difficilement à assortir les couleures faute de magasins assez fournis : quoiqu'elles aient presque pour rien certaines matieres, on y paye énormément cher les glaces qui se trouvent plus parfaites : on y éprouve des haussemens de prix suivant les temps : les moindres carreaux sont plus chers d'un tiers en Angleterre : Enfin les parcelles de commerce que font toutes ces fabriques ensemble, n'égalent pas celui que la Manufacture de France a embrassé & qu'elle porte de plus en plus malgré elles dans leurs propres pays.

Cette Manufacture s'est soutenue par son privilege, caractere distinctif, efficace & nécessaire, lequel, sans procurer jusqu'à présent aucunes fortunes, l'a du moins mise en état de supporter & les contretemps & l'augmentation toujours croissante des prix des matieres & de la main-d'œuvre.

Les Associés viennent de faire dans l'espérance du renouvellement de ce privilege, des reconstructions considérables & d'amples augmentations, pour accroître de plus en plus la perfection supérieure,

B

faciliter la prompte expédition, remplir surabondamment les magasins de glaces brutes, ceux de glaces doucies, & ceux de glaces polies, & parvenir tant par ces efforts, que par des diminutions de prix sur la plus grande partie des glaces plus usuelles, à étendre ultérieurement leur commerce dans l'étranger autant qu'il sera possible.

Comme les glaces ne périssent que par des accidens très rares, les grandes quantités qu'en ont été fabriquées depuis près d'un siécle, subsistent presque en entier dans les Palais & les maisons & dans les magasins des Marchands. Si une seule Manufacture a suffi pour les approvisionner de ces effets, elle suffit à plus forte raison pour remplir les vuides qui peuvent rester. Il est inévitable qu'à la fin tout ce qui est susceptible de glaces n'en soit rempli. Le peu qui s'en casse, sera-t-il suffisant pour soutenir une manufacture qui n'a de salut que dans la grande consommation. Cette plénitude n'aura-t-elle pas l'effet de l'exténuer & d'anéantir totalement la fabrique en grand ? C'est une raison de plus pour ne pas l'affoiblir d'avance par des concurrences plus nuisibles aujourd'hui que jamais.

C'est dans cet état, que par Lettres Patentes expédiées sur Arrêt du 23 Août 1757, & scellées le 22 Octobre suivant le Roi tenant le sceau, Sa Majesté a renouvellé le privilege exclusif de la Manufacture Royale pour 30 ans, à commencer en 1762, en réglant qu'à compter dès le premier Janvier 1758, les prix du tarif seroient diminués de 2, de 5 & de 20 pour 100, suivant les volumes ; ce qui s'exécute.

Les Associés se sont pourvûs en la Cour, afin d'enrégistrement de ces Lettres, dont les semblables y ont déja été tant de fois successivement enrégistrées. Il s'est trouvé que dès le mois de Septembre 1757, le Clerc se qualifiant *Ecuyer*, & Maître de verrerie à Nantes, sans justifier ces deux points, avoit fait une *opposition* entre les mains de M. le Procureur Général *à l'enrégistrement* des Lettres que le Roi pourroit accorder.

Les Associés ont donné leur Requête pour avoir main-levée de cette opposition avec dommages-interêts & dépens.

Le sieur le Clerc a fait signifier le 10 Janvier 1758, des écritures par lesquelles s'avouant l'Auteur & le distributeur de deux *Mémoires imprimés* qui ont couru dans le Public, & qu'il dit avoir *présenté au Ministre*, & employant pour moyens ce qu'il y a débité, & quelques allégations sur ses prétendues démarches au Conseil du Roi, a formé une demande incidente tendante *à ce qu'avant faire droit sur l'enrégistrement, la Cour renvoie les Parties au Bureau du commerce pour y être jugées suivant les maximes de l'Etat*. Telle est son expression. C'est ce qui occasionne la présente Requête. L'exposé qu'on vient de faire annonce d'avance les fins de non-recevoir qui s'élevent contre le sieur le Clerc, & la frivolité des moyens & des allégations qu'il employe. Les observations qu'on va faire sur ses imprimés mettront le sceau à sa condamnation.

En premier lieu, le sieur le Clerc est non-recevable à tous égards dans son opposition, & dans sa demande incidente, parce qu'il est sans titre, sans qualité, sans droit, sans intérêt, pour empêcher ou arrêter l'enrégistrement des Lettres Patentes dont il s'agit. Un homme qui sans droit & sans caractére, feroit métier de s'opposer à l'enregistrement des Lettres Patentes qu'il plaît au Roi de faire expédier & sceller, feroit un fléau & un scandale. Le sieur le Clerc en donne l'exemple. Ce Particulier n'a aucun droit au privilége de fabriquer & vendre des glaces. Il dit dans ses Ecritures du 10 Janvier 1758, qu'il n'appartient qu'au Roi d'accorder des Priviléges. Sa Majesté ne lui a pas accordé celui de fabriquer & vendre des glaces. Elle le lui a même refusé : & c'est ce qui l'agite : de sorte que si son opposition étoit écoutée en la Cour, & si en conséquence les Associés cessoient de fabriquer & vendre ces ouvrages, le sieur le Clerc n'ayant pas le droit d'en faire, toute fabrique de glaces cesseroit en France ; & les fabriques étrangeres profiteroient seules de l'empêchement témérairement causé par ce Particulier.

La Manufacture souffre de son opposition, parce qu'elle est obligée depuis le premier Janvier 1758, de vendre les glaces sur le pied des diminutions de 2, de 5 & de 20 pour 100 réglées par les Lettres Patentes, sans avoir la sûreté que donne l'enrégistrement, & parce que le défaut d'enrégistrement suspend des opérations utiles & pressantes qu'elle ne peut poursuivre qu'avec la confiance dans l'exécution du Privilége. C'est en conséquence que les Associés ont conclu par leur premiere Requête en 3000 livres de dommages-intérêts. La fin de non recevoir résultant de ce que le sieur le Clerc n'a ni titre, ni qualité, ni interêt acquis, est sans réplique ; & elle dispenseroit d'entrer dans aucun détail pour prouver combien il est mal fondé.

En second lieu, il donne pour base à son opposition & à sa demande, 1°. des écrits répréhensibles & vicieux, & 2°. des allégations destituées de preuves, & d'ailleurs sans conséquence ; il est à propos d'écarter d'abord ces deux objets.

Il allégue par ses écritures du 10 Janvier, qu'au mois d'Octobre 1757, *il avoit présenté au Ministre deux Mémoires imprimés qui couroient dans le public & dont il justifiera à la Cour; par lesquels il a démontré, selon lui, le préjudice considérable qu'a causé au public & au commerce du Royaume, le privilége exclusif accordé à la Manufacture depuis 90 ans. Il ajoute, que dans la vue de faire cesser ce préjudice, il avoit demandé la permission de former un établissement de cette espece dans la Province du Nivernois ; que ces Mémoires avoient été renvoyés au Bureau du Commerce pour être communiqués aux Associés, & pour sur leurs réponses y être jugés suivant les maximes de l'Etat.*

Il conclut de là qu'il y a nullité & surprise dans l'obtention de l'Arrêt du Conseil du 23 Août 1757, sur lequel les Lettres Patentes du 22 Octobre suivant, ont été expédiées.

1°. La fin de non-recevoir ci-dessus déduite, écarte toutes ces allégations, & la conséquence que le sieur le Clerc en tire.

2°. Il est vrai qu'il a répandu dans le public des Mémoires *imprimés*,

puisqu'il s'en avoue l'Auteur & le Distributeur. Mais cette action dont il se vante, étoit un délit public, parce que ces brochures étoient imprimées *sans nom d'Imprimeur & sans permission*. Elles ne sont adressées ni au Roi, ni à aucun tribunal. La premiere contenant 16 pages est terminée par ces mots au bas : *Mol de Lurieux*, sans aucune qualification. La seconde contenant 70 pages finit sans aucune signature quelconque.

Il est manifeste qu'elles ont été composées & distribuées pour échaufer & soulever d'avance contre le renouvellement du privilege exclusif, & contre le refus du privilege de concurrence. C'étoit d'ailleurs fronder les enrégistremens que la Cour a fait dudit privilege exclusif en 1702, 1718, & 1727, & menacer du même traitement l'enrégistrement que les Associés demandent. La bonne police proscrit & punit ces licences. M. le Procureur Général prend en pareil cas les conclusions que la régle & son zéle pour le bon ordre lui inspirent.

Ces Imprimés étoient de plus en contravention aux réglemens, en ce que le sieur le Clerc y prétendoit dévoiler tout l'intérieur & l'économie la plus intime de la Manufacture Royale des glaces, & que par la publicité de l'impression, il communiquoit le tout aux étrangers même. Quel est l'établissement de quelque importance dont il soit permis sans autorité publique & au premier venu, de dérober & faire imprimer les mysteres ? L'art de faire des glaces, dit le Clerc, n'est plus un secret. Ce propos fait connoître que le sieur le Clerc ne possede pas cet art. On sçait bien que toutes fabriques étrangeres savent faire des glaces, puisqu'elles en font. Mais les fabriquer en petit & en grand d'une perfection supérieure, & avec des frais supportables, c'est tellement un secret, que nulle n'y réussit, comme celle de France. Il est de fait que les réglemens faits pour la conservation de la Manufacture Royale défendent à toutes personnes & jusqu'au moindres Ouvriers de cet établissement (qui n'en connoissent chacun que quelques parcelles) d'en manifester ni transporter au déhors aucuns Plans ni Mémoires à peine de punition corporelle. Ces Réglemens sont visés dans les Lettres Patentes enrégistrées en la Cour, & sont d'ailleurs fondés sur les régles ordinaires de la Police. Le sieur le Clerc ne peut pas violer impunément ces défenses. Il s'est rendu bien plus coupable qu'un simple Ouvrier traditeur ou fugitif, s'il a fait clandestinement, & tant bien que mal, lever une partie des plans de Saint Gobain ; s'il s'est fait donner frauduleusement tout ce qu'il a pu de mémoires sur cette fabrique ; si tout mal ébauchés & tout fautifs qu'ils étoient, il en a formé de fantaisie un ensemble pour en parer ses Brochures & les transmettre par là à tous Etrangers. Il est notoire qu'il s'est lié & peut-être associé avec certain homme que les Associés ont nourri & employé quelques années dans leurs établissemens. Et voilà l'origine des découvertes qu'il prétend avoir faites. Ces circonstances rendent ses Brochures encore plus criminelles. S'il allégue pour les justifier, qu'il s'en faut bien, qu'il ait publié les vrais mémoires & les parties les plus essentielles des connoissances & des opérations de la Manufacture,

nufacture, & qu'il n'en a pû donner que le phantôme & le squelette; il n'est pas moins constant qu'il a fait par ses brochures tout ce qui étoit en lui pour opérer lemal qu'il veut excuser.

Les deux brochures du sieur le Clerc étoient d'ailleurs un Libelle, aussi bien qu'un Roman. Il y a débité page quatre du premier Mémoire & ailleurs, des reproches, des imputations fausses & injurieuses contre les Associés, qui depuis cinquante-cinq ans régissent la Manufacture Royale, & qui l'ont portée à un point de célébrité, que nulle fabrique des Etats voisins n'a encore pû atteindre. Il y a décrié follement & sans pudeur les ouvrages de cette Manufacture qui sont notoirement supérieurs à ceux de toutes fabriques étrangères, & même qui se montrent aujourd'hui plus beaux que jamais, page 5 du premier Mémoire & 62 du second & ailleurs.

La publicité de l'impression transmet ces *reproches* & propos calomnieux dans tous les Pays. Par là le sieur le Clerc encourage les Fabriques étrangeres, à qui la Manufacture de France impose : par là il détourne tous Étrangers de tirer à l'avenir des glaces de cette Manufacture, & même d'acheter celles de sa fabrique qui se vendent chez les Marchands & dans les Inventaires. Il doit y en avoir dans ce Commerce pour un grand nombre de millions. C'est un crime préjudiciable à la Manufacture & au Commerce du Royaume. La détraction & la calomnie font toujours quelque tort sur-tout au loin. C'est être mauvais Citoyen que de crier aux étrangers de tous pays qu'une Manufacture de France qu'ils admirent, est toute autre qu'ils ne pensent, & de les exciter par des imprimés à ne plus tirer de ses ouvrages. Il est de toute justice qu'un pareil homme soit condamné à des dommages-intérêts très-considérables envers les Associés, indépendamment des autres peines que le Ministére public jugera à propos de requerir.

Que doit-on penser des promesses & offres que le sieur le Clerc a hazardé dans ses brochures. Il s'y donnoit pour un homme à sécrets (ce qui est aisé à avancer); & quoique la fabrique des glaces sur-tout en grand, soit un art difficile qui ne peut s'apprendre au vrai que par une longue pratique jointe aux principes & appliquée aux grands objets; quoique d'autre part le sieur le Clerc n'ait jamais tenu ni pratiqué aucun établissement de cette nature, & que même il n'ait pas fait en sa vie une seule glace de volume notable, mais seulement quelques petites parties de verre ou de cristal (ce qui est absolument disparat), néanmoins s'érigeant en artiste consommé dans ce genre de Manufacture, & s'annonçant hardiment comme supérieur à tous les Directeurs & Régisseurs, qui depuis près de cent ans travaillent à perfectionner la Manufacture de France, & à plus forte raison à tous ceux des fabriques étrangeres, puisque notoirement celles-ci réussissent moins bien que celles de France; il paroit en maître & avec une confiance folle des diverses méthodes & des opérations nécessaires pour la meilleure fabrique des Glaces. Il prétendoit prouver par ses raisonnemens spéculatifs, qu'il n'y a rien de si aisé que de faire abondamment de grandes & belles glaces avec très-peu de dépense. Que risquent cer-

C

taines gens a promettre des merveilles & à présenter des paradoxes? Quatre Compagnies consécutives qui avoient le sécret des glaces tiré de Venise, des Ouvriers presque tous Venitiens, & leurs propres connoissances acquises successivement; qui étoient aidées d'ailleurs des Maîtres de Verrerie les plus expérimentés; qui enfin avoient alors à bien meilleur compte les bois les matières & la main d'œuvre, n'ont pas laissé de se ruiner dans l'entreprise. D'autre part, les étrangers de tous pays, qui la plus part ont à bien meilleur marché qu'en France toutes les choses ci-dessus; les Fabricateurs même de Venise qui travaillent depuis des siécles; ceux d'Angleterre qui font des efforts de jalousie pour égaler la Manufacture de France, se soutiennent à peine, avancent peu dans la perfection, & vendent leurs glaces, sur-tout de volumes majeurs, trois & quatre fois plus cher que la Manufacture de France. Que penser donc d'un homme qui n'a jamais fabriqué une seule glace, & qui sans aucune expérience, sans autre garand que lui-même, vient débiter qu'il sera ces ouvrages bien plus parfaitement & à bien meilleur marché que toutes ces fabriques ensemble, & qui veut que sur sa parole on dénature, on risque, on renverse le plus parfait de ces établissemens?

Enfin le sieur le Clerc se contredisant lui-même, n'offroit par ses Brochures & Mémoires, qu'une diminution de cinq pour cent sur le prix du Tarif des Associés, c'est-à-dire, de donner à quatre-vingt quinze livres ce qui se vend cent liv.: Encore ne s'engageoit-il pas à donner le pouce en sus aux Marchands, comme la Manufacture le pratique. Voilà à quoi se réduisoit tout l'étalage romanesque de ses Mémoires.

Enfin cet homme qui se prétend si singulierement habile dans la fabrique des glaces qu'il n'a jamais pratiquée, & qui promet d'y faire de si belles choses & à si peu de frais, devoit être bien plus sûr de son fait dans l'art de faire des bouteilles & carafons, des verres à vitres, & de petits cristaux de curiosité, puisque c'est son métier & sa sphere depuis trente ans & plus qu'il est maître de Verrerie comme il le dit. Cependant il n'a rien perfectionné notablement dans l'ordre de ces petits ouvrages. Les verres blancs de Bohëme & les cristaux d'Angleterre ont continué d'être plus beaux & moins chers que ceux des Verreries, dont l'une avoit à sa tête le sieur le Clerc.

Il invoque par-tout la concurrence comme une Idole, sous les auspices de laquelle il va faire par émulation les plus belles glaces, & les donner au plus bas prix. Mais quoiqu'il jouisse depuis trente ans de cette concurrence dans sa fabrique de bouteilles & de verres blancs & cristaux, l'émulation, ou comme il l'entend, l'envie de gagner de l'argent, n'y a point produit ces effets merveilleux. Elle n'a pas empêché & n'empêche pas encore qu'il n'ait travaillé médiocrement bien & vendu fort cher, & que les verres blancs étrangers n'ayent inondé & n'innondent encore la France à la vûe du sieur le Clerc, & au mépris de tous ses prétendus sécrets. Non-seulement il n'a pas diminué ses anciens prix; mais, ce qui le confond, ils ont doublé & triplé. Le pannier de verres à vitres qui, il y a quarante ans se donnoit à quinze francs, est parvenu successivement à se vendre trente-cinq livres & plus. C'est, dit le sieur le Clerc; parce que les bois à brûler sont devenus extrêmement chers en France. Mais la Manufacture Royale des glaces est en France, aussi bien que la Verrerie du sieur le Clerc; elle consomme beaucoup plus de ces bois à proportion : Enfin, Saint Gobain est plus près de Paris. Cependant cette Manufacture que le sieur le Clerc dit être sans émulation, parce qu'elle est sans concurrence, a eu les deux avantages dont sa Verrerie est si éloignée. Elle a de notoriété publique porté la perfection de ses ouvrages au-delà de ce qu'ont pû faire toutes fabriques des Etats voisins; & d'autre part, elle n'a pas augmenté d'un sol les prix de son Tarif fait il y a plus de soixante & dix ans. La subtilité ne peut pas dire que ces prix eussent commencé par être trop hauts, puisqu'indépendamment de plusieurs preuves du contraire, celles des Fabriques étrangeres qui font des volumes majeurs, les vendent encore aujourd'hui à des prix incomparablement plus hauts que ceux du Tarif de France. Si quelques-unes d'elles, en économisant sur la qualité des bas plus volumes, médiocre objet de commerce, en ont baissé les prix, (ce que la fabrique d'Angleterre n'a pas fait, parce qu'elle a persisté à tirer à la bonne qualité); il est de fait qu'une glace que la Manufacture donne à deux cent-cinquante liv. se vend plus de mille liv. dans la fabrique même de Venise qui travaille en petit au meilleur marché. Il en est de même des volumes supérieurs; & plus ils sont grands, plus la disproportion est énorme. Ces faits prouvent que pendant que la concurrence en Verrerie a si mal réussi à procurer la perfection & le bon marché, le privilége exclusif de la Manufacture Royale des glaces a eu l'un & l'autre de ces bons effets: ce qui n'est arrivé que par ce qu'il a procuré une consommation proportionnée, sans laquelle il ne peut y avoir en ce genre ni perfection ni bon marché. Ce contraste est frappant. En faut-il davantage pour confondre le reproche que les deux brochures ont fait au privilége exclusif de cette Manufacture, (reproche qui retombe *sur tous les enrégistremens faits en la Cour*), d'avoir été pendant quatre-vingt-dix ans *préjudiciable à la France* ? En faut-il davantage pour rendre dérisoires les folles promesses du sieur le Clerc & de tous Avanturiers ? Les Lettres-Patentes de 1702. 1718. & 1727. enregistrées en la Cour, ont énoncé avec éloge les *grands avantages* que la Manufacture Royale a procuré en France. Rien n'est donc plus faux & plus méprisable que le langage contraire du sieur le Clerc à ce sujet.

Par ses écritures du 10 Janvier 1758. il offre de diminuer dix pour cent au lieu de cinq. Il ne lui en couteroit pas plus d'offrir de donner les glaces pour rien. Mais qu'il commence par diminuer les prix de ses bouteilles & verres, au lieu de les augmenter sans cesse. Pourquoi continue-t-il à vendre trente-cinq frans & plus un pannier de verres qui ne valoit il y a quarante ans que quinze livres, s'il est en état de faire les verres de glaces à si bon marché ?

Ce qu'on vient d'observer sur le peu de progrès des Verreries en comparaison de celui de la Manufacture des glaces, & du renchérissement prodigieux des simples verres à vitre, tandis que le tarif des glaces est resté le même depuis soixante-dix ans, est sans doute ce qui à déterminé en 1757 les Députés du Commerce qui ont donné leur avis pour le renouvellement du Privilége exclusif de la Manufacture des Glaces, à proposer que les Associés de ce grand établissement à qui les Lettres Patentes précédentes ont toujours donné la *faculté* de faire concurremment des verres blancs & chriftaux, soient assujettis à l'avenir par clause expresse à en fabriquer & à en avoir un Magasin ouvert à Paris : clause qui a été inférée dans les Lettres Patentes de 1757. Et déja leurs essais dans ce genre surpassent les verres des Etrangers.

Les brochures du sieur le Clerc, si manifestement fausses dans les promesses qu'il y étaloit, étoient encore dans tous les détails qu'il y a hasardés sur les différentes parties de la Fabrique des Glaces (à l'exception du peu qu'il y a copié au vrai des anciens & nouveaux travaux de la Manufacture Royale), honteusement remplies d'ignorance des vrais principes sur le travail & l'œconomie ; & elles fourmilloient de contradictions palpables, d'omissions des points les plus essentiels, de calculs faux & déraisonnables, & d'erreurs grossieres à chaque page. Il auroit été facile d'en donner des preuves. Mais ç'auroit été composer un traité universel sur l'art de cette Fabrique qui embrasse une multitude de branches & de détails, & se livrer à un commentaire sur mille méprises & mille inexpériences du sieur le Clerc. Il auroit fallu discuter toutes les préparations des matieres terres, soudes, varecs, salin de toute espéce, & autres qu'il n'est pas nécessaires de nommer, leurs mêlanges & leurs usages, les proportions critiques des fours & des creusets, toutes les variations dans les effets, les expédiens & les ressources les plus recherchées dans les cas d'évenemens imprévûs & ruineux. En démontrant ainsi aux Artistes le faux des idées du sieur le Clerc & en les rectifiant, non-seulement on l'auroit instruit lui-même, (ce qu'il espéroit peut être) ; mais on auroit dévoilé & transmis imprudemment aux Etrangers par ces détails un corps de connoissances & d'observations qui sont propres à la Manufacture & qui sont le fruit de près de cent ans de travail. On auroit enfreint par là le silence prescrit par les Réglemens sur cette matiere. Les Associés n'auroient pû, indépendamment de leur intérêt, s'y déterminer sans une permission par écrit : & ils sçavent qu'elle leur auroit été refusée. Il a donc été mieux d'abandonner les brochures du sieur le Clerc au mépris qu'elles méritoient : & elles sont ainsi rentrées dans le néant, d'où elles ne devoient pas sortir. Tel est le premier titre que le sieur le Clerc invoque pour fonder son opposition.

En second lieu, il avance bien des faits au sujet de sa demande d'un privilége de concurrence & de ce qu'il dit s'être passé, soit au Conseil de Sa Majesté, soit au Bureau du Commerce. Mais 1°. Il n'en prouve, il n'en justifie aucuns : & ce défaut de preuve surtout de la part d'un homme qui est absolument sans titre & sans qualité & qui s'annonce lui-même comme renvoyé sans succès & avec mépris, le rend absolument non-recevable & indigne d'être écouté en la Cour sur les plaintes qu'il y fait de la maniere dont Sa Majesté a jugé à propos de renouveller le privilége d'un établissement, qui est Manufacture *Royale* dans un sens qui lui est singulierement propre, parce que son institution primitive & principale a été suivant les Lettres Patentes de 1665. *pour la décoration des Maisons Royales*; établissement que Sa Majesté a solemnellement déclaré vouloir protéger *à l'exemple du feu Roi,* suivant l'expression des Lettres Patentes de 1718. & qui est en effet devenu l'un des ornemens de la France.

Le sieur le Clerc ne peut contester qu'il n'ait été rendu Arrêt sur le rapport que M. le Controlleur Général a fait à Sa Majesté; sur le vû des Lettres Patentes du 1702. & 1727. dûement enregistrées & contenant les motifs de concession; & même (pour ne rien laisser à desirer), sur le vû de l'Avis des Députés du Commerce; & que les Lettres Patentes n'ayent été expédiées & scellées le Roi tenant le Sceau. Sa critique sur l'obtention de l'Arrêt, si elle pouvoit être écoutée, seroit à proposer au Conseil de Sa Majesté & non en la Cour, où il n'est pas d'usage de discuter la forme en laquelle le Roi en son Conseil rend ces sortes d'Arrêts.

Il se peut que le sieur le Clerc ait donné des Mémoires pour demander un privilége de concurrence, & qu'il y ait déclamé contre le privilége exclusif de la Manufacture. Mais il n'a pas fait d'opposition formelle à ce que Sa Majesté renouvellât ce privilége : il n'a pas poussé la témérité jusqu'à cet excès : ses écritures ne le disent pas. Au surplus ces sortes de Mémoires ou Placets tendant à obtenir, soit des priviléges, soit des places ou emplois, soit d'autres graces qui ne sont pas fondées sur un droit acquis, ne peuvent jamais faire de Procès par écrit ni autrement : ils n'introduisent pas d'Instance judiciaire : ils n'obligent pas les auteurs des demandes à des procédures & des communications respectives : ils n'assujettissent à aucune instruction ou procédure d'ordonnance. Il ne résulte pas de leur concours aucune jonction qui puisse lier les objets, ni qui oblige à des Arrêts de disjonction; ils ne gesnent aucunement Sa Majesté dans la détermination qu'Elle juge à propos de prendre conjointement ou séparément. Le Roi est absolument le maître de rejetter sans autre forme les Mémoires de l'un, & d'accorder à l'autre tels Arrêts ou Lettres Patentes qu'il juge à propos pour le bien de l'Etat. Telle est la nature de ces sortes de sollicitations auprès de Sa Majesté ou de ses Ministres.

En la Cour, il n'a jamais été question pour les Enregistremens de Priviléges accordés par Brevets ou par Lettres Patentes, d'examiner si la concession en avoit été faite sur une procédure de telle ou telle forme. Jamais on n'a fondé un moyen d'opposition à l'enregistrement sur aucune critique de la conduite tenue au Conseil, & de la détermination de Sa Majesté à cet égard. Jamais la Cour sur un exposé de cette espéce n'a renvoyé les Parties à se pourvoir dans aucun Bureau du Conseil pour la réforme des Arrêts ou Lettres émanées de Sa Majesté. Il est indécent de la part du sieur le Clerc de demander à la Cour un pareil renvoi. Après avoir imputé aux Enregistremens du Privilége faits en la Cour depuis quatre-vingt-dix ans, d'avoir été préjudiciables

D

à l'Etat, il demande ce renvoi pour être, dit-il, jugé *suivant les maximes de l'Etat*? Ces propos du sieur le Clerc s'accordent avec ses démarches; tout concourt à indiquer peu de sens & de réflexion avec beaucoup de cupidité aveugle.

Il ajoûte pour derniere ressource qu'une preuve que les Lettres Patentes du 22 Octobre 1757 sont *obreptices & subreptices*, c'est qu'elles sont accordées *cinq* ans avant l'expiration du privilége actuel qui ne doit finir qu'en 1762.

La réponse est simple. 1°. Il est non-recevable comme on l'a dit à critiquer les tems & les momens où il plaît au Roi de renouveller un privilége qui n'appartient de près ni de loin au sieur le Clerc.

2°. Les Lettres Patentes de 1727 ont été accordées pareillement cinq ans avant l'expiration du privilége d'alors, qui ayant commencé en 1702, ne devoit prendre fin qu'en 1732. Ces Lettres n'étoient pas pour cela obreptices & subreptices, puisqu'elles ont été enrégistrées sans difficulté. Et comment le sieur le Clerc qui se croit si supérieurement au fait de la manufacture des glaces, ne comprend-t-il pas que cinq ans d'avance ne sont pas trop pour les préparatifs les mesures & les dispositions de tout genre qu'exige un tel établissement? Enfin il déclare avoir demandé un privilége de concurrence dans le même mois d'Octobre 1757, & par conséquent aussi cinq ans d'avance? Son objection le met donc en contradiction avec lui-même.

Ces premieres observations présentent autant de fins de non-recevoir sans réplique contre son opposition & contre sa demande incidente.

Ces mêmes observations prouvent de plus, sans qu'il faille les répéter, qu'il y seroit absolument mal-fondé. Quelques réflexions à cet égard vont achever de le confondre. Tout son sisteme frondeur, tous ses lieux communs au sujet des priviléges exclusifs, roulent sur la supposition qu'il fait par tout, que tout privilége exclusif sans exception doit être exterminé comme préjudiciable à l'émulation; que la concurrence est seule capable en tous arts & toutes entreprises de produire l'émulation, entendant toujours par ce mot cette émulation populaire qui fait naître l'envie de gagner par toutes voyes; & qu'enfin cette émulation peut seule en tout genre, sans exception, conduire à la perfection des ouvrages, & faire jouir le public du bon marché de toutes choses.

Ce n'est point ici le lieu de copier les volumes qui ont été écrits, soit en Angleterre, soit en France sur les avantages & les désavantages des priviléges exclusifs, ni même d'établir les distinctions essentielles qu'il faut faire entre la noble & généreuse émulation qui doit être le principe dominant des grandes entreprises, & l'émulation moins épurée qui intéresse les menus arts & metiers & qu'on voit si souvent produire dans le commerce plûtôt la dégradation des qualités & la tromperie, que la bonté des ouvrages & le vrai bon marché. Il est visible que la concurrence n'a pas procuré le bon marché dans les ouvrages des petites Verreries & de tant d'autres fabrique. On sçait que dans les temps qu'on appelle siecles d'ignorance, la concurrence & la promiscuité avoient lieu absolument en tous arts, métiers & commerces, & que c'est alors que tous arts métiers & commerces ont été dans la plus grande imperfection, & dans le plus mauvais état ; qu'au contraire sous les derniers Regnes, & principalement sous celui du feu Roi, les priviléges qui se sont accordés sous différentes formes & en différens genres ont élevé les arts métiers & commerces à l'état le plus florissant, & ont procuré la perfection & l'abondance. Ce n'est pas qu'il ne puisse y avoir de l'abus dans la multiplicité des priviléges, & que même dans la thèse générale, les priviléges exclusifs ne doivent être restraints. Mais il est constant qu'il y a des cas d'exception où ils sont nécessaires & préférables, & où la concurrence loin de produire la perfection & le bon marché, feroit des effets tous contraires, & deviendroit immanquablement pernicieuse : par exemple, si sur des raisons & offres telles qu'en présente le sieur le Clerc, on donnoit la permission soit à lui, soit à plusieurs personnes ou compagnies de porter & distribuer les lettres dans le Royaume & au dehors, il est manifeste qu'on feroit tomber par cette concurrence l'établissement actuel *de la poste des lettres* ; qu'il y auroit moins de sûreté pour le public, & que bien-tôt il en coûteroit aux particuliers plus qu'il n'en coute actuellement. Il en est de même des voitures publiques pour les grandes Villes, des priviléges de Librairie pour imprimer certains grands ouvrages, & généralement de toutes les entreprises d'un certain ordre dont le caractére est de ne pouvoir s'exécuter convenablement, qu'avec des dépenses & avances au-dessus de la portée des particuliers, & sur la confiance d'une durée constante & de produits proportionnés ; & qui, si elles tomboient, ne pourroient se relever que de long-tems & très-difficilement. Telle est l'entreprise de la Manufacture Royale des glaces, qui ne s'est formée que par un long travail & moyennant de très-grandes dépenses, qui est chargée de faire subsister une multitude d'Ouvriers, & leurs familles, d'entretenir un grand nombre de divers établissemens à Paris, à Chauny, à Saint Gobin, à Tour-la-Ville, au Havre & ailleurs, d'avoir différentes halles & atteliers, tables de grand prix & ustanciles de toutes espéces, de se faire des approvisionnemens de longue main & pour plusieurs années, d'ouvrir au public & entretenir constamment d'immenses magasins de glaces brutes, de glaces doucies & de glaces polies pour le plus prompt service du Roi & du Public ; magasins qui sont dévoüés d'abord à la décoration des Maisons Royales, & doivent tenir tout prêt autant qu'il se peut de quoi remplir les ordres, où il faut d'ailleurs que les Marchands regnicoles & étrangers trouvent des glaces de toutes grandeurs, (ce qui monte à une somme de deux millions pour en avoir une seule de chaque volume,) & où il faut même qu'ils en trouvent assez pour assortir les différentes nuances de couleurs. La Manufacture Royale remplit tous ces objets ; nulle fabrique étrangere n'en est capable. La concurrence & l'établissement de plusieurs Manufactures en France au lieu d'une, feroit perdre tous ces avantages ; & par conséquent seroit préjudiciable au Roi & au public. Enfin, la

D ij

consommation annuelle pour laquelle il faut indispensablement tant & de si grandes dépenses & avances, n'est & ne peut-être qu'un objet borné. Les tems de guerre & de calamités ne peuvent que la diminuer ; les tems mêmes de prospérité & d'abondance ne peuvent guères l'accroître. Indépendemment de la vogue que prennent les Verres de Bohême, la France se remplit depuis près d'un siécle de glaces qui ne périssent pas. L'Etranger met de plus en plus des barrieres à l'extension de ce commerce, non par la raison du meilleur marché, puisque l'Anglois qui en fait le plus, & que le sieur le Clerc a cité, est celui qui vend le plus cher jusqu'aux plus bas volumes ; mais par la multiplicité des fabriques, par les défenses d'introduire des glaces de France, par la dégradation des qualités.

Seroit-il expédient dans ce point de vûë & dans ces circonstances de partager la consommation ci-dessus sur laquelle la Manufacture Royale est montée. Ce seroit lui laisser presque la même dépense, & lui ôter la moitié de son produit. Il seroit réduit à bien moins, si comme le sieur le Clerc le propose, ou permettoit à toutes les Verreries de fabriquer des glaces. Ses principes sur l'émulation vont jusqueslà : preuve que ce sont de faux principes. Il arriveroit manifestement de ces appauvrissemens de consommation, que les dépenses indispensables excédant de beaucoup & sans proportion, non-seulement la Manufacture actuelle & les autres qu'on voudroit élever s'entredétruiroient ; mais bien-tôt leur décadence feroit périr en France toute fabrique supérieure des glaces. Le sieur le Clerc s'en soucie fort peu. Il n'a à cœur que de fabriquer de petites glaces pour *orner*, dit-il, *des bras de cheminées, des sécretuires,* & autres menus meubles, (qui étoient de mode, il y a quatre-vingt ans, & qui sont aujourd'hui relégués comme gothique & colifichets.) On ne verroit plus dans le Royaume que de minces & foibles fabriques de petits ouvrages, telles au plus que celle de Venise & de quelques Etats voisins. Non-seulement on regréteroit alors inutilement ces Morceaux superbes qui conviennent seuls pour la Décoration des Maisons Royales, pour les Présens des Rois, pour l'Ornement des Palais & des Appartemens somptueux ; mais les Volumes de considération qui sont à la portée des Particuliers, seroient très-difficiles à avoir & à assortir pour les couleurs ; les prix deviendroient exorbitans ; & même toutes glaces seroient moins parfaites.

Enfin il n'a pas été question de sçavoir si on attribueroit de nouveau à la Manufacture Royale un privilége qu'elle n'auroit jamais eû, mais de sçavoir si on lui ôteroit celui dont elle n'a jamais été destituée depuis qu'elle existe, & qui lui a toujours servi de base.

L'émulation louable n'a pas manqué à la Manufacture Royale, puisque d'une part, comme on l'a dit, ses ouvrages se sont perfectionnés à mesure que le goût de la magnificence s'est accru, & que le public s'est rendu difficile, & que d'autre part les prix n'en ont pas augmentés d'un sol. On ne peut pas même dire aujourd'hui, que son Privilége soit sans concurrence, puisque tant de fabriques qui se sont élevées successivement en Allemagne, en Espagne, en Prusse & en Angleterre, indépendamment de celle de Venise, sont comme autant d'établissemens de concurrence, & autant de rivaux, sur qui la Manufacture Royale ne peut conserver la supériorité qu'elle a acquise, que par le Privilége exclusif qui la lui a procuré.

Il y a assez long-tems, dit le sieur le Clerc, que ce Privilége dure; il est, ajoute-t-il, une *récompense* qui doit finir.

Ce propos du sieur le Clerc roulle sur une supposition équivoque & même fausse. Ce peut être par une juste préférence que le Roi a accordé ou continué à une Compagnie plutôt qu'à d'autres, les Priviléges exclusifs de la Manufacture Royale; mais ce n'est pas à titre de récompense ni pour récompenser l'industrie des Entrepreneurs, qu'elle a rendu exclusifs ces Priviléges, mais plutôt, parce que la nature de l'entreprise exige que le Privilége soit tel, & qu'il n'y ait pas de concurrence. C'est ce qui est exprimé en propres termes dans les Lettres Patentes de 1702. enregistrées en la Cour. Sa Majesté y a déclaré *que ces Priviléges étoient accordés plutôt pour le bien de son Etat & l'avantage de ses Sujets, que pour recompenser l'industrie de qui que ce soit, & qu'Elle vouloit la confier, non au vulgaire ni au premier venu; mais à une* Compagnie de *personnes accréditées & expérimentées.*

La Cour a trouvé les raisons ci-dessus déterminantes en 1727. comme en 1718. & en 1702. puisqu'elle a enregistré les Lettres Patentes de ces différentes époques. Plusieurs circonstances ci-dessus indiquées y ajoutent aujourd'hui un nouveau poids. 1°. Les Palais, les Maisons & les Magasins sont remplis de glaces fabriquées par le passé. La consommation ne pourra donc aller à l'avenir qu'en diminuant. 2°. Il y a aujourd'hui un plus grand nombre de Manufactures de glaces établies dans les Etats voisins. 3°. Les matiéres & la main d'œuvre rencherissent tous les jours. Les simples verres valent trent-cinq francs & plus au lieu de quinze francs. 4°. Les Lettres Patentes de 1757. baissent les prix du Tarif actuel de deux, de cinq & de vingt pour cent, suivant les volumes.

Il résulte avec évidence de ce qu'on vient de dire que le sieur le Clerc est non-recevable dans son opposition faite sans titre & sans caractére: qu'il y seroit d'ailleurs absolument mal fondé à tous égards, sur-tout après tant d'enrégistremens, & dans les circonstances actuelles; que ses Mémoires ou Brochures sont imprimés sans permission & sans nom d'Imprimeur; que ce sont non-seulement des Ecrits romanesques, mais des Libelles injurieux & préjudiciables à la Manufacture Royale & au Commerce des Glaces de France; qu'ils contiennent même une déclamation téméraire contre les concessions faites par Sa Majesté depuis quatre-vingt-dix ans, & contre les enrégistremens faits en la Cour dans tout ce temps; d'où il suit qu'il y a lieu à des dommages-intérêts considérables contre le sieur le Clerc, & même à une animadversion exemplaire.

CE CONSIDERÉ, NOSSEIGNEURS, IL VOUS PLAISE, en venant par les Parties plaider sur leurs différentes demandes & défenfes, ordonner qu'elles viendront pareillement plaider fur la préfente Requête; donner acte aux Supplians de ce que pour fins de non-recevoir, & en tant que de befoin pour défenfes à la demande du fieur le Clerc portée par fes défenfes du 10 Janvier 1758, ils employent le contenu en la préfente Requête, & y faifant droit, fans avoir égard à la demande dudit fieur le Clerc dudit jour 10 Janvier 1758, dans laquelle il fera déclaré non-recevable, où dont en tout cas il fera débouté, adjuger aux Supplians les conclufions prifes par leur précédente Requête, & fuivant icelles, leur faire main-levée pure & fimple de l'oppofition dudit fieur le Clerc à l'Enregiftrement des Lettres Patentes obtenues par les Supplians pour la continuation du Privilége de la Manufacture Royale des Glaces : Ce faifant, ordonner qu'il fera paffé outre à l'Enregiftrement defdites Lettres Patentes du 22 Octobre 1757 ; condamner le fieur le Clerc en dix mille livres de dommages-intérêts envers les Supplians, & en tous les dépens : le tout fauf à M. le Procureur Général à prendre telles autres conclufions qu'il avifera bon être contre ledit fieur le Clerc, au fujet defdits imprimés ; & vous ferez bien.

Monfieur JOLLY DE FLEURY, Avocat Général.

HUGOT, Proc.

De l'Imprimerie de P. PRAULT, Imprimeur, Quai de Gêvres, au Paradis, 1758.

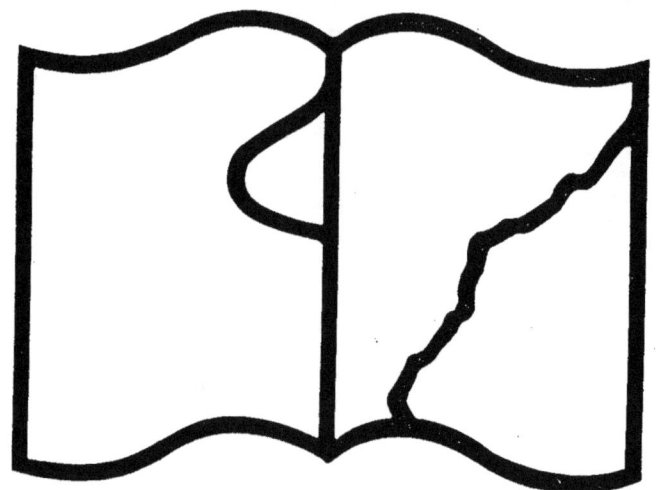

Texte détérioré — reliure défectueuse
NF Z 43-120-11

www.ingramcontent.com/pod-product-compliance
Lightning Source LLC
Chambersburg PA
CBHW070222200326
41520CB00018B/5745